ÉTUDE

D'UN THÉATRE

POUR

LA VILLE DE CASTRES,

Par M. François OULIAC, Architecte.

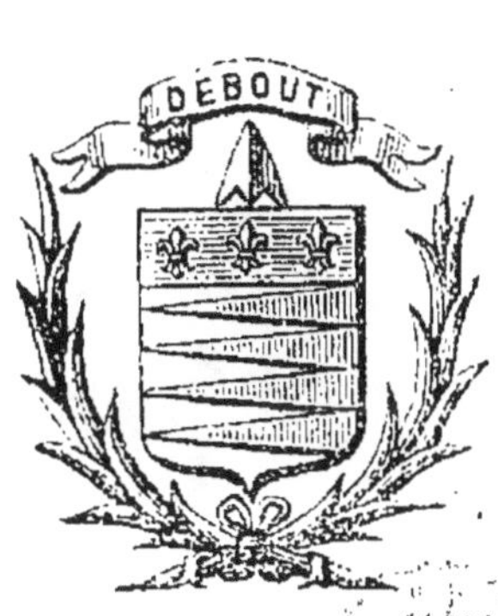

CASTRES.

Imprimerie de veuve Grillon, rue Sabbaterie, nᵒ 7.

MDCCCLXIV.

ÉTUDE
D'UN THÉATRE

POUR

LA VILLE DE CASTRES,

Par M. François OULIAC, Architecte.

———

Compte-Rendu du *Journal l'Aigle du Tarn* (voir les Nᵒˢ 42, 43 et 45. — Octobre et Novembre 1864.)

———

Encore une bonne, une heureuse, une excellente idée ! un magnifique projet !!!..,.

Mon Dieu ne pensez pas que je vienne vous dire accourez tous et voyez !... Il serait curieux, en effet, d'entendre crier au miracle par le temps qui court.

Mais enfin dans notre petite ville, je dis petite, mettez grande, si vous voulez...... chacun voit par ses yeux ! Dans notre ville, dis-je, c'est bien quelque chose qui mérite attention qu'une étude de théâtre, heureusement comprise, parfaitement exécutée sur le papier et surtout très-exécutable sur le terrain si...... Ah ! oui si..... Je n'achève pas et laisse au lecteur de supputer tous les si qui vont pleuvoir sur la réalisation du beau projet dont nous allons rendre compte.

Monsieur OULIAC, avec l'approbation bien flatteuse et très-encourageante du chef de notre édilité, vient d'exposer dans la salle du Musée de l'Hôtel-de-Ville, huit dessins représentant l'étude complète d'un théâtre : mais d'un théâtre fait tout juste à notre taille! C'est-à-dire qu'il n'est ni trop grand, ni trop petit, ni trop superbe, ni trop mesquin; en un mot, tel, qu'il faut bien supposer que M. Ouliac, qui est étranger à la ville, a dû écouter aux portes pour savoir le sentiment de chacun de nous sur le genre de théâtre que nous désirions.

C'est donc un premier éloge à adresser à cet habile architecte qui a su donner à son étude les proportions de notre ville et travailler ainsi uniquement pour nous, ce dont nous devons tout d'abord le remercier.

Nous allons maintenant étudier l'œuvre qui nous est offerte; examiner les raisons qui la recommandent à notre attention; rechercher les avantages qui peuvent en résulter pour notre ville et enfin rendre le public juge d'un travail qui n'a été fait que pour lui.

Monsieur Ouliac a choisi pour l'emplacement de son théâtre le terrain actuellement occupé par la Halle au blé qui forme tout un côté de la place Impériale.

Le choix de cet emplacement est vraiment très-heureux comme position. La place Impériale est, en effet, par la régularité et l'élégance de ses constructions, le plus beau et le plus riche quartier de Castres. C'est le point le plus central de la ville et les nombreuses voies qui y aboutissent, rendent cette place éminemment propre à recevoir un monument du genre de celui qui nous occupe.

Cet emplacement pourrait être cependant critiqué au point de vue de l'espace qui, au premier abord, paraît insuffisant pour un théâtre, si M. Ouliac ne nous avait pas montré que, même dans cette question de terrain qui était sans contredit la plus difficile à résoudre, il ne s'est pas laissé effrayer par un obstacle de nature à rebuter tout autre talent moins exercé que le sien.

Un des plus grands mérites de l'œuvre de M. Ouliac est donc de nous avoir présenté comme très-réalisable ce que nous étions habitués à regarder comme impossible, c'est-à-dire de construire, dans des conditions d'élégance et de confortable vraiment merveilleuses, un théâtre pouvant renfermer huit cent cinquante spectateurs (ce chiffre est exact), là où nous n'avions vu de place que pour deux ou trois cents personnes seulement.

Nous aurons à revenir sur cette question d'emplacement lorsque nous parlerons de la distribution intérieure et nous pourrons alors constater que les quelques inconvénients qui en résultent ne peuvent, même légèrement, atténuer les heureux effets de l'ensemble.

Examinons l'œuvre en elle-même.

La façade principale est dans le style des constructions qui environnent la Place Impériale, et l'harmonie de cet ensemble de lignes ne se trouve interrompue qu'au milieu du grand édifice projeté qui prend alors son caractère particulier et distinctif, dans une décoration du meilleur goût.

Ce sont quatre colonnes corinthiennes reposant sur des stylobates supportés par de riches consoles : entre les colonnes extrèmes et de chaque côté, l'on voit, à droite, le médaillon de Racine, et, à gauche, celui de Molière.

Au milieu de l'attique, se trouve le motif de l'horloge, orné sur ses côtés de bas-reliefs.

Un écusson aux armes de la ville de Castres, porté par deux génies, couronne l'édifice.

L'aspect général du monument est d'une simplicité à la fois grave et élégante ; s'harmonisant avec les édifices voisins et conservant cependant, comme nous venons de le dire, le caractère qui lui est propre.

Un long péristyle règne sur toute la façade.

A l'extrémité droite du péristyle, se trouvent deux guichets pour la distribution des cartes : le public sera donc à couvert pendant cette distribution, et si jamais, plaise à Dieu que nous puissions le voir, on y fait longue queue, du moins on pourra endurer avec plus de patience et les rigueurs du temps, et les lenteurs non moins rigoureuses de la duègne chargée de recevoir nos deux francs d'entrée. A l'autre extrémité du péristyle, on a ménagé une vaste salle de café correspondant à quatre arceaux de la façade.

On pénètre dans l'intérieur du théâtre par un large vestibule donnant accès, à gauche, à la salle d'estaminet dont nous venons de parler, à droite, au vestiaire et au contrôle, ainsi qu'aux trois escaliers qui conduisent à la salle.

Ces trois escaliers ont le même point de départ.

Le même escalier sert le parterre et les deuxièmes galeries ainsi que la scène. Ce serait un défaut si l'espace avait permis de faire, pour le service de la scène, un escalier indépendant. Mais ce défaut est en vérité bien léger puisque tout le personnel du théâtre entre bien avant le public et sort longtemps après lui. Un autre inconvénient plus considérable et qui tient à la même cause, c'est que ce même escalier ainsi que celui des troisièmes galeries se trouve peut-être un peu étroit.

Un escalier est exclusivement réservé aux troisièmes galeries.

Un large escalier, indépendant des deux autres, conduit aux premières galeries où il arrive par deux volées de vingt marches chacune.

Ces trois escaliers, bien que ceux du parterre et des troisièmes galeries nous paraissent étroits, conviendront cependant pour l'entrée dans la salle de spectacle. Ils seraient peut-être réellement insuffisants pour la sortie qui se fait en masse et qui entraîne toujours quelque confusion, si M. Ouliac n'avait pas ménagé des ouvertures qui, à ce moment là, peuvent donner au public accès sur les trois escaliers à la fois.

Cette combinaison est une des plus heureuses du projet, puisqu'elle fait disparaître presque complètement l'objection la plus sérieuse qu'une sage critique eût pu présenter.

Après le rez-de-chaussée dont nous venons de faire connaître la distribution générale, vient le théâtre proprement dit qui se divise en trois parties : la scène, la salle et les dépendances de la salle, c'est-à-dire les couloirs, les vestibules et les foyers.

Nous allons examiner chacune de ces parties séparément, car les détails vont devenir si nombreux, que nous craindrions, en ne voulant en mettre aucun, et il n'en est aucun qui puisse être négligé, de jeter de la confusion dans l'esprit du lecteur.

Nous commencerons par la scène :

La scène, mesurée entre les loges d'avant-scène, a six mètres et dans le milieu dix mètres cinquante centimètres de largeur; sa profondeur totale est de douze mètres cinquante centimètres.

Nous donnons des chiffres qu'on peut du reste regarder comme très-exacts, parce que nous aurons à examiner plus tard, si les objections que nous avons entendu faire sur ces dimensions, sont fondées.

Derrière la scène et sur le plan du parterre, se trouvent deux loges assez spacieuses : l'une est réservée aux acteurs et l'autre aux actrices ; chacune de ces loges a son escalier indépendant.

Au-dessus de ces loges, on a placé, à la hauteur de la scène, un magasin pour les décors.

Sur le même plan que les troisièmes galeries, on a ménagé un assez large passage sur tout le périmètre de l'emplacement occupé par la scène : ce passage qui est éclairé par six croisées donnant, d'un côté, sur la Place Impériale, et de l'autre sur la rivière, est affecté aux machinistes qui, au moyen d'échelles fixes, atteindront facilement les treuils et les poulies qui servent à la manœuvre des frises et des fonds. M. Ouliac a très-heureusement représenté tous ces détails et nous a ainsi donné, chose assez difficile, l'exacte dissection de cette partie si compliquée du théâtre.

Un magnifique rideau, figuré par de riches

draperies s'ouvrant sur une élégante villa, termine les détails de la scène.

Revenons maintenant sur les dimensions que quelques personnes trouvent insuffisantes.

Nous avons dit que la scène a six mètres de largeur entre les loges, et dix mètres cinquante centimètres mesurée à son milieu, sur douze mètres cinquante centimètres de profondeur.

Quelle que soit la pièce que l'on y représente, serait-ce le Cromwel de Hugo qui compte à l'instar des pièces de Shakespéare quelques cinquantaines de personnages, les dimensions données, même comme largeur, par M. OULIAC, sont certainement suffisantes.

J'entends que l'on s'étonne et qu'on crie à l'impossible !

Mon Dieu, la chose est cependant bien facile à prouver. L'une des règles de la composition des pièces de théâtre !... Quoi ! me dira-t-on, vous parlez de règle et vous venez de citer Hugo !... Précisément, Victor Hugo, quelque incomparable que vous le fassiez et quolque merveilleux que je le trouve, n'a jamais enfreint la règle dont je vais parler.

Je continue donc et je dis que l'une des règles principales de la composition des pièces de théâtre, est de ne jamais mettre en scène plus de trois personnages qui puissent intéresser directement et au même moment le public. C'est donc auprès de la rampe et entre les loges d'avant-scène que se trouve naturellement la place de ces personnages qui, fixant à eux seuls ou mieux résumant toute l'attention

du moment, doivent être très-distinctement vus
par toute la salle. Je laisse maintenant au lecteur
de conclure, si trois acteurs peuvent ou non être
gênés dans un espace de six mètres de largeur.
Quant aux personnages secondaires, seraient-ils
aussi nombreux que nous l'avons dit plus haut,
ils pourront cependant contenir dans le fond de la
scène et prendre des positions qui leur per-
mettent d'être plus ou moins distingués par
le public, en raison de leur importance rela-
tive.

Si maintenant on considère la scène au point
de vue de la représentation d'un opéra, nous
répondrons en deux mots, que le moment,
et il ne peut y en avoir d'autres, où il y a
le plus de personnages principaux figurant au
même instant, est celui de l'exécution d'un sep-
tuor.

Or, dans ces morceaux d'ensemble, les acteurs, tout entiers à l'harmonie, ne peuvent
et ne doivent être que très-sobres de gestes
et n'ont pas ainsi à se déplacer pour suivre
l'action qui devient alors tout-à-fait secondaire.
Ils n'occupent donc qu'exactement leur place
naturelle, et par conséquent une scène de
six mètres de largeur nous paraît, même en
cette circonstance, plus que suffisante.

D'ailleurs, peut on croire que M. Ouliac, avant
de commencer son étude de théâtre, ne se soit
pas exactement rendu compte de cette question qui est certainement le *sine quâ non* de
son projet. En vérité, ce serait vouloir ôter
à l'œuvre que nous analysons tout son mérite, que de penser que cet architecte ait pu

agir aussi à la légère. Mais heureusement que nous voyons tout le contraire, car si le travail qui nous est présenté, est digne de tous nos éloges, c'est certainement parce que les détails si nombreux et si infinis qu'il renferme, révèlent chez son auteur la connaissance la plus complète du théâtre.

Voilà donc une objection, plutôt spécieuse que grave, complètement résolue, nous le croyons du moins, à l'avantage de l'étude de M. OULIAC.

Passons à la salle, et commençons par le parterre qui se divise en quatre parties : l'orchestre, les stalles d'orchestre, le parterre proprement dit et les baignoires.

En quittant le premier escalier qui part du rez-de-chaussée, on entre dans un large vestibule qui s'ouvre sur cinq baignoires contiguës, placées directement en face de la scène, et un couloir qui entoure complètement le parterre. Aux deux extrémités de ce couloir, se trouvent les baignoires d'avant-scène, et, par côté, deux escaliers qui conduisent à la scène et aux loges supérieures.

La place réservée à l'orchestre est assez vaste et peut aisément contenir 30 musiciens, avec tous leurs accessoires.

Vingt-sept fauteuils, disposés en amphithéâtre sur deux rangs sensiblement parallèles, séparent l'orchestre du parterre qui se trouve formé de quinze bancs où 230 spectateurs trouveront facilement place.

Les cinq baignoires qui ferment le parterre ainsi que les deux d'avant-scène, sont décorées avec beaucoup de goût et bien qu'elles ne possèdent pas de salons, elles nous paraissent cependant très-confortables.

Nous remarquons qu'on a réservé à côté du vestibule un foyer pour le parterre. Il est très-rare, même dans nos grands théâtres, que cette partie de la salle jouisse d'un pareil avantage.

Nous ne croyons pas qu'on puisse faire la moindre objection aux dispositions du parterre : facilité pour y pénétrer de tous les côtés à la fois, élégance et confortable dans les stalles d'orchestre, commodité aux places du parterre, baignoires aussi multipliées que dans nos grands théâtres, large vestibule et foyer particulier, tout a été parfaitement prévu et heureusement disposé.

Les premières galeries forment la partie la plus riche et la plus coquette de la salle.

Le vestibule qui les précède et où l'on arrive par le grand escalier, a des proportions vraiment monumentales. Il s'élève jusqu'au troisième étage où il se termine, en forme de berceau, dans un plafond orné de magnifiques caissons.

Cinq loges richement décorées s'ouvrent au milieu de ce vestibule qui donne entrée en même temps à trois rangs de fauteuils, placés en amphithéâtre dans un fond rouge parsemé d'or.

Les stalles se terminent des deux côtés de la scène par deux loges-salon, surmontées chacune d'un écusson aux armes de France : ces loges sont réservées aux autorités de la ville.

Comme disposition, les secondes galeries ressemblent aux premières, à part le vestibule qui, par suite de l'élévation de celui du premier étage, se trouve réduit aux dimensions d'un simple couloir.

La décoration générale, moins riche naturellement que celle des premières galeries, est très-coquette.

Il y a le même nombre de places qu'aux premières, et le foyer, comme emplacement, est le même.

Les troisièmes galeries n'ont ni loges, ni foyer.

A l'emplacement du foyer, on a réservé un vaste atelier pour la préparation des décors.

Les loges sont remplacées par quatre rangées de bancs qui forment, en quelque sorte, un second amphithéâtre, ce qui augmente de beaucoup le nombre de places.

Maintenant que nous avons fait une description aussi fidèle que nous l'avons pu, de tout le théâtre, nous devons donner encore à M. OULIAG de nouveaux éloges qui seront certainement approuvés par tous ceux qui ont vu les dessins, non plus de cet architecte si habile à tirer parti d'un emplacement, mais de cet artiste dont le faire nous rappelle ces paroles d'Edmond About. « on n'est pas dessinateur à vingt ans ».

Tous nos éloges se résumeront dans les paroles de ce fameux maître en l'art de dire.

Il ne nous reste plus qu'à examiner la convenance de la construction d'un théâtre à Castres ; qu'à montrer le progrès de nos mœurs

élargies par l'exécution de ce projet, et qu'à
faire connaître les moyens qui nous paraissent
les plus propres à amener bientôt la réalisation d'une idée qui, après avoir mérité tous
nos éloges, est digne de toutes nos sympathies.

Dans l'une de nos revues de la semaine, nous
avons suffisamment prouvé par la description que
nous avons faite de notre salle actuelle de spectacle, que notre ville n'a pas à proprement parler
de théâtre. On ne peut, en effet, disions-nous,
décorer de ce nom « quatre murailles solidaires
« d'une charpente vermoulue, supportant, à l'aide
« de douze poutres équarries, trois étages de bal-
« cons formés de planches mal jointes et salies
« par un affreux badigeon. » Que de villes cependant, moins riches et moins importantes que la
nôtre, possèdent depuis longtemps déjà une salle
de spectacle abordable pour toutes les toilettes,
et où tous les soirs on vient rompre cette fati-
gante et lourde monotonie de la journée de pro-
vince.

Où passe-t-on ses soirées, nous demandait un
étranger qui s'était promis de rester une quin-
zaine de jours dans nos murs. — Mon Dieu, chacun
chez soi. — Ah ! bah ! — Si cependant vous con-
naissiez M. X*** vous pourriez vous présenter
chez lui : je crois que vous y rencontreriez trois
décorations de Ste-Hélène qui jouent assez assi-
dûment tous les soirs, entre le café et le couvre-
feu, au tric-trac. — Assez, merci.

Si vous aimiez la conversation, je pourrais
bien, quelque bon diable mieux connu que moi,

nous aidant, vous faire présenter dans des salons pas mal aristocratiques. — Et la conversation y est agréable? — Diable, je le crois bien. — De quoi y parle-t-on, s'il vous plaît? — Mon Dieu, de ce qui intéresse. — Et la question la plus intéressante aujourd'hui c'est, sans doute, l'arrivée à Nice de leurs majestés moscovites et la visite que l'Empereur leur a faite. — Non, en vérité, non. Je n'en suis pas sûr, mais je crois bien qu'on ignore encore ici tout cela... — Ah! diable, et qu'est-ce donc qui vous intéresse? — Mais nos vignobles, mon cher, nos vignobles, nos terres, nos blés, nos avoines,... nous sommes propriétaires! — Merci, je pars demain.

Vraiment, ce monsieur m'a paru bien étrange!... Il est vrai qu'il ne m'a pas demandé comment nous passions nos journées.

Est-on convaincu, non pas par ce que nous venons de rapporter, mais bien par ce que chacun de nous éprouve pendant ces heures mortelles qui suivent le dîner, du besoin de créer dans notre ville un plaisir public! Et quelle distraction plus attrayante que celle du théâtre.

Nous n'ignorons pas cependant l'opposition que de parti pris, certaines personnes pressées par un zèle hors d'à-propos, feront à cette idée de théâtre. Oui, nous le savons, et c'est à peine si nous osons le dire; le nom de théâtre est encore pour quelques esprits un épouventail. Que faire devant cette opposition systématique et surannée!... Passer outre, car la discuter, chercher à la combattre, serait, nous en sommes convaincu à l'avance, peine inutile.

Qu'on nous pardonne de nous être étendu aussi longuement sur la convenance qu'il y a pour notre ville de construire un théâtre ; mais il est des choses qu'on croit les yeux fermés à Paris, et dont on doute cependant encore à . . . . . Je laisse le nom en blanc.

Nous ne connaissons pas notre situation financière, nous ignorons si les travaux des fontaines et de la halle aux grains, absorberont les 715,000 francs que nous avons empruntés ; mais si cela était et qu'il nous fallût attendre encore plusieurs années pour voir réaliser ce projet de théâtre, nous croyons qu'il conviendrait de faire immédiatement appel aux capitaux particuliers et d'élever, en société, un monument qui doit être le premier de notre cité.

D'après l'auteur du projet que nous avons interrogé à cet égard, la dépense totale s'élèverait à cent soixante mille francs. M. Ouliac nous a même assuré que ce chiffre comprenait une somme à valoir assez forte pour parer aux cas imprévus qui pourraient se présenter en cours d'exécution des travaux.

Que la ville donc, si elle ne peut pas se charger en ce moment de ce grand travail, abandonne ses droits sur l'emplacement que doit occuper le théâtre projeté : qu'elle fasse ce léger sacrifice dont elle sera bientôt si largement récompensée, et qu'ensuite l'un de nos comptoirs financiers se mette à la tête de cette entreprise à laquelle tout le monde voudra, nous en sommes persuadé, associer ses capitaux.

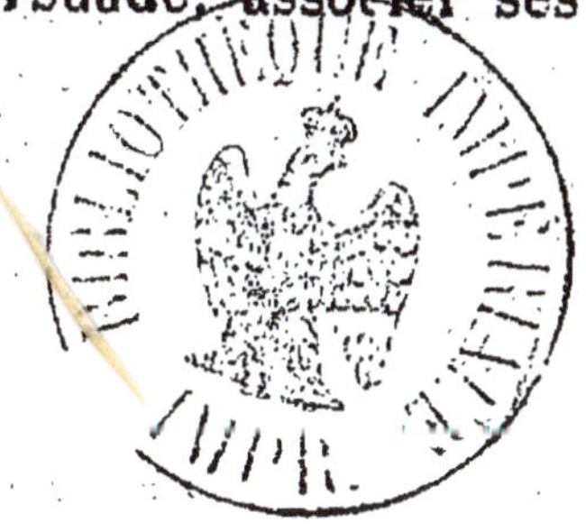

ATHANASE LACAZE.

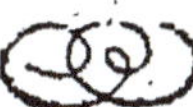

Castres. — Imprimerie de veuve Grillon.